AF234426

# SUR LA QUESTION

# DES FINANCES

ET SUR LES MOYENS DE PRÉVENIR

## UNE CRISE INDUSTRIELLE

PAR

### VICTOR W. WINFORT



PARIS

CLAYE TAILLEFER ET Cᴵᴱ
RUE SAINT-BENOÎT, 7

. 1848

SUR LA

# QUESTION DES FINANCES

et sur les moyens de prévenir

## UNE CRISE INDUSTRIELLE

Cette question ne saurait être victorieusement résolue que par
l'augmentation du numéraire; en d'autres termes, par un moyen
d'échange qui offrît les mêmes garanties que l'or et l'argent. — Le
numéraire, en France, est quatre fois plus abondant qu'en Angleterre;
cependant, l'Angleterre a pu contracter 20 milliards de dettes; de
plus, s'il le fallait, elle ferait sortir la dernière guinée du pays, sans
détruire son commerce, c'est-à-dire sans détruire de fond en comble
la confiance et le crédit. — Pourquoi? L'Angleterre s'est créé en
*papier-monnaie* un capital réel, capital qui ne saurait dépasser la
fortune commerciale du pays, c'est-à-dire la somme de ses produits
de tout genre. — L'argent, converti en espèces circulantes, représente la somme des difficultés de la fouille parmi les entrailles de la
terre; les marchandises représentent la difficulté de la confection :
une maison, celles de la construction jointe à la valeur des matériaux;
une forêt, l'espace de temps nécessaire à l'accroissement des arbres
qui la composent : or, dans ces exemples, on voit, clair comme le
jour, que le travail de l'homme est un capital réel. — Le *papier-
monnaie* qui représenterait ce capital, aurait donc une valeur tout
aussi réelle, offrirait une garantie tout aussi puissante que l'or et
l'argent, puisque, ayant pour *limites* la somme du travail, il croîtrait
ou décroîtrait avec le travail. — Il diffère des *assignats*, dont l'émission fut *illimitée*, quoiqu'ils n'eussent pour gage que les terres incultes
ou les châteaux à demi détruits des anciens nobles. — Les *assignats*,
qui ont considérablement dépassé la mesure du crédit, n'étaient
guère que l'expression des besoins du gouvernement révolutionnaire,
entraîné par les circonstances du temps plus loin qu'il ne l'aurait
voulu.

# QUESTION DES FINANCES

et sur les moyens de prévenir

## UNE CRISE INDUSTRIELLE

---

**A M. LE MINISTRE DES FINANCES.**

Paris, 11 mars 1848.

MONSIEUR LE MINISTRE,

Un fait constant, c'est qu'il existe autant de numéraire en France aujourd'hui qu'il y a un mois ; ce qui manque, c'est la confiance, et ce défaut de confiance amène la stagnation du commerce. Pour remédier à ces inconvénients que faut-il faire ? C'est là le problème à résoudre.

Personne n'ignore que les espèces circulant en France représentent une valeur quadruple de celles qui circulent en Angleterre ; que la dette de celle-ci est de vingt milliards, tandis que la dette de celle-là est de cinq milliards et demi. Cependant on trouve plus facilement de l'argent de l'autre côté du détroit que de ce côté-ci.

En Angleterre, le commerce est moins accessible à la panique, en raison de ce que le pays, en sus du *papier de crédit*, possède *un papier-monnaie qui repré- sente un capital réel*. Elle échappe donc plus vite qu'aucune autre nation aux crises commerciales. Chez elle, on a créé des *docks*, c'est-à-dire des magasins attenants aux ports de mer, dans lesquels chaque marchandise, brute ou manufacturée, est reçue; tout commerçant a le droit d'y déposer ou faire déposer les produits sur lesquels s'exerce son industrie, en payant une faible rémunération à la compagnie, laquelle, se rendant responsable du dépôt, donne un reçu qui en constate la nature et la valeur approximative.

*Ce bon, qui est négociable, offre une garantie plus réelle*, plus assurée que la lettre de change, dont parfois la solvabilité est problématique, en ce que la confiance donnée à une signature n'est que la mesure des différents degrés d'honneur et de probité qu'on attribue au signataire! Ce bon, ce véritable *papier-monnaie*, représente donc un capital existant, c'est-à-dire les fruits du travail! En ce sens, il est plus utile que l'argent, parce que l'argent, importation du Mexique ou des mines de l'Ourals, ne doit sa valeur qu'à sa rareté comparative, qu'aux difficultés d'en trouver et d'en suivre les filons dans les entrailles de la terre. Si l'argent et l'or, dont on a fait un signe de convention, étaient aussi communs que le fer, il n'y aurait qu'une différence arbitraire entre leurs valeurs respectives.

Depuis le moment de son extraction, jusqu'à celui où il est converti en monnaie, le minerai représente une valeur de cinq francs, par exemple, laquelle valeur est elle-même la représentation d'une quantité de viande, de pain, de légumes, etc., etc.

L'argent n'est donc autre chose qu'un moyen d'échange dans le commerce du monde, moyen utile, mais non indispensable à la subsistance de l'homme, qui ne peut vivre qu'en le transformant, pour ainsi dire, en substances alimentaires, en objets de luxe ou de nécessité.

C'est pourquoi un *papier-monnaie* qui représenterait la production du travail en France, telle que les marchandises, et les propriétés de l'État soit en bois, soit en châteaux, soit en canaux, chaussées, ponts, chemins de fer, est indispensable pour l'usage journalier, et garantirait une valeur tout aussi puissante que l'argent qui n'est, comme je l'ai dit plus haut, qu'une importation étrangère.

Ainsi compris, *le papier monnaie*, pour l'industrie, représente l'excès de la production sur la consommation intérieure, différence que l'exportation doit faire promptement disparaître. Pour les biens fonciers, il représente également une somme de travail, un capital immobilisable. Ainsi, un individu possède une maison, un château, une forêt, évalués chacun à cent mille francs ; eh bien, le gouvernement autorise la Banque de France (dont les billets, connus de tous, sont devenus impossibles à contrefaire), le gouvernement, dis-je, autorise la Banque de France à livrer au propriétaire, sur bonne et valable hypothèque, soixante-quinze mille unités d'un franc chacune : de cette manière, celui qui recevra en paiement une partie de ce papier-monnaie deviendra propriétaire dans la même proportion qu'il devient propriétaire de la mine d'argent : pour deux francs, cinq francs, dix mille francs, lorsqu'il possède deux, cinq ou dix mille francs en argent. Il va sans dire que les billets de cette nature émis en faveur de l'État seront reçus par lui, de préférence, en paiement des contributions de toute espèce.

Puisqu'il est le signe d'un corps certain, ce *papier-monnaie* ajoute aux espèces en circulation un *capital immense*, sans pourtant représenter deux ou plusieurs fois la même valeur, puisque le nombre des *unités* monétaires EST LIMITÉ.

Dans la crise actuelle, pour quiconque, commerçant ou non commerçant, a des marchandises en magasin ou des valeurs en portefeuille qu'il ne peut ni vendre ni escompter à cause du discrédit général, la création de magasins semblables aux *docks* d'Angleterre serait en quelque sorte une porte de salut, une *arche libératrice*.

Si l'on ne se hâte d'y porter remède, la pénurie qui se manifeste aujourd'hui dans toutes les banques entraînera une crise industrielle, jettera sur le pavé presque tous les ouvriers de ce pays, peut-être même allumera-t-elle la guerre civile.

En établissant et en voulant faire comprendre aux masses (en général dénuées des plus simples notions de l'économie politique) que le *papier-monnaie*, représentation du travail accumulé, est tout aussi valable que l'or et l'argent, je n'ai d'autre but que de rendre au papier négociable le crédit qui s'en éloigne, de forcer à reparaître les capitaux qui se cachent, en un mot de rétablir la confiance qui s'en va.

Tous les jours, le Gouvernement provisoire reçoit des députations qui viennent le féliciter, apporter leur complète adhésion à la république; toutes parlent au nom de l'ordre et de la paix, cette garantie absolue de la prospérité nationale; mais, malgré leur désintéressement personnel, les membres du Gouvernement provisoire ne peuvent pas servir la nation, concilier les intérêts de tous, sans cet insigne tout-puissant du commandement : *l'argent*, ou du moins sans quelque chose qui REPRÉSENTE L'ARGENT.

Le Gouvernement provisoire a reçu en héritage, du gouvernement déchu, un coffre vide, et la nation un milliard et demi de dettes ! Le monde entier s'indigne et s'étonne d'un tel gaspillage dans une monarchie constitutionnelle.

Accourir au secours du Gouvernement provisoire, c'est le devoir de tout Français qui tient à la gloire, au bien-être, à l'honneur de la nation. Se soumettre à ses décrets, en tout ce qui est juste, équitable, démontré par la nécessité, basé sur le sens commun, c'est pour nous la preuve d'un vrai patriotisme, c'est donner *la mesure vraie de notre attachement à la République !*

Dans l'intérêt de tous, propriétaires, industriels, marchands, ouvriers, dans l'intérêt du SALUT PUBLIC, je demande que toutes les contributions d'une année, de deux années, s'il le faut, soient immédiatement versées au trésor, ou, ce qui est la même chose, entre les mains des receveurs généraux et particuliers, soit en espèces, soit en billets ou effets de commerce à trois, six, neuf, ou douze mois de date. L'*acquit* serait une décharge suffisante pour le contribuable. Les billets seraient libellés comme suit :

*B. P. F.*

le                    1848.

A trois mois de la date ci-dessus, je payerai à l'ordre de la Nation française la somme de
équivalente à un quart de ma quote part dans la contribution (mobilière ou foncière) due pour l'année courante.

Je prends cet engagement de mon plein gré et volonté, dans l'intérêt et pour l'honneur de la Patrie.

(Lieu du payement.)    *Signature.*

Les receveurs généraux et particuliers enverront au trésor cette lettre de change dans le plus bref délai. Le ministre, ou ses délégués, l'endosseront et la passeront à la Banque de France, laquelle sera autorisée à remettre au trésor somme égale *en papier-monnaie,* en conservant le titre comme garantie, après avoir inscrit ces mots sur chacun d'eux : *Garantie par les contribuables de la France pour l'année 1848;* ou bien, *garantie sur* (désigner la propriété) *pour tant.....,* afin que toute la France puisse savoir que cette propriété est hypothéquée pour la somme de...... Il va sans dire que si la propriété venait à être vendue, l'hypothèque acquise par le moyen ci-dessus énoncé devrait être, par privilége, remboursée en espèces ou en autres valeurs; et en définitive, la Banque de France ferait un *auto-da-fé* des billets ainsi émis dont elle aurait encaissé le montant.

La nation y gagnera, et l'État sera à même de poursuivre la construction des routes, des canaux, des chemins de fer; en hypothéquant graduellement toutes ses propriétés, *il facilitera aux particuliers la conversion en* PAPIER MONNAIE *du travail accumulé,* tel que maisons, terres, etc., etc.; mais avec certaines restrictions, sous certaines garanties d'utilité publique, afin qu'un prodigue ou un fou ne trouve pas le moyen de se livrer à des spéculations hasardeuses, à des passions qui entraîneraient la ruine des familles.

Cette organisation financière ne saurait, j'en conviens, s'appliquer tout d'un coup dans un pays tel que la France : je pose la première pierre de l'édifice, persuadé qu'il fera la gloire de la seconde moitié du xixᵉ siècle, qu'il inaugurera l'ère du bonheur et de la prospérité de cette grande nation.

Pour plus de garanties, tous les jours la Banque publiera dans le *Moniteur* le nombre et les numéros des billets émis, avec indication de leur valeur ; sous aucun prétexte, elle ne pourra en mettre aucun en circulation sans avoir encaissé les signatures des contribuables ; de plus, enfin, le Gouvernement, chaque fois qu'il tirera du Trésor une somme plus forte que cent millions de francs, publiera la manière dont cette somme sera distribuée dans le commerce ou ailleurs,

Ainsi, 24 ou 50 millions aux commerçants de la ville de Paris

|  |  |  |
|---|---|---|
| 15 | — | — de Lyon. |
| 10 | — | — de Rouen. |
| 30 | — | — de Lille. |
| 20 | — | — pour les |

Ateliers nationaux créés en faveur des ouvriers, etc.

De cette manière la nation connaîtra ses recettes et ses dépenses ; elle ne sera plus trompée, et la gloire en resterait au citoyen Garnier-Pagès, qui avec une franchise toute républicaine a eu le courage de mettre à nu la plus hideuse des plaies dont le gouvernement déchu abandonne la guérison aux lumières du ministre actuel des finances et au patriotisme du pays. Aucun des successeurs de ce grand citoyen n'aurait la possibilité de jeter sur la place plus de billets qu'il n'en aurait été reçu des contribuables de la France entière.

Tout *papier-monnaie* qui représenterait la moitié ou les trois quarts de la valeur réelle d'une propriété, serait aussi valable pour un temps déterminé que l'or et l'argent, lesquels, comme je l'ai déjà dit, et comme je le répète pour la dernière fois, ne sont autre chose qu'un travail accumulé, soit dans l'exploitation des mines, soit dans la construction d'une maison, soit dans l'exploitation d'une ferme, etc. Chaque signataire étant propriétaire, la valeur de sa signature serait garantie par le capital du pays, maisons, rentes, forêts, etc., etc. ; et, par une conséquence toute naturelle, l'émission des billets de Banque aurait pour garantie de solvabilité la masse des contribuables.

En un mot, par cette seule mesure, la France, si riche en capitaux, quel que puisse être son gouvernement, n'aura pas besoin des usuriers, ou des capitalistes, lesquels, après tout, n'ont pas plus d'argent comptant à leur disposition que nous tous ensemble, puisque chacun en particulier, se défiant de l'autre, prenant ses précautions d'avance, a mis en réserve, terme moyen, au moins *deux cents francs* en argent, afin de subvenir à son entretien et à sa nourriture pendant un temps donné : or, comme la garde nationale se compose, dit-on, de 4 millions de chefs de famille, cela fait un capital d'environ 800 millions, enfermé dans les secrétaires, les commodes, les matelas, de vieilles femmes et autres poltrons s'étant dit en eux-mêmes : *Sauve qui peut!* Ils se sont si souvent répété, qu'ils ont fini par le croire : *la République, c'est le règne de la guillotine !* Cela seul démontrerait la nécessité, pour le moment du moins, d'augmenter le numéraire de la France en admettant pour base du systè memonétaire un *papier* qui représenterait non pas un capital fictif, mais un capital réel, c'est-à-dire la propriété de la nation.

Est-il besoin de dire que ce *papier-monnaie n'a rien qui le fasse ressembler aux assignats?* Il représente le travail accumulé, un capital existant, tandis que les assignats exprimaient les excès du crédit, le bon plaisir du gouvernement, le nombre en étant *illimité* : — c'était tout bonnement du papier, et non pas des valeurs. Dans l'origine, les assignats représentaient les terres *incultes* des émigrés, leurs châteaux ; mais, *alors*, et il en serait de même *à présent*, l'honneur, son mobile inébranlable, faisait repousser par le peuple français toute solidarité dans une odieuse spoliation.

J'ai l'honneur d'être, Monsieur le Ministre, avec la plus parfaite considération, votre très-humble et très-dévoué serviteur,

Victor W....f WINFORT.

* 9 7 8 2 0 1 9 6 7 2 0 9 6 *